인간: 마음·몸·환경의 왕

제임스 앨런의 생각 시리즈 ♠5

MAN: KING OF MIND, BODY & CIRCUMSTANCE

인간: 마음·몸·환경의 왕

제임스 앨런 지음 · 고명선 옮김 · 김미식 그림

도서출판 물푸레

옮긴이 | 고명선

고명선은 서울대학교 심리학과를 졸업하고, 동 대학원에서 종교학 석사 학위를 받았으며, 종교학 박사 과정을 수료했다. 명상요가회 동아리에서 활동하면서부터 명상에 관심을 갖게 된 이후 지금까지 동서양의 명상 전통을 폭넓게 공부해 왔다. 역서로는 『상자 안에 있는 사람, 상자 밖에 있는 사람』, 『당신이 어디를 가든 거기엔 당신이 있다』, 『생각하는 모습 그대로 II』가 있다.

그림 | 김미식

김미식은 1958년 여주에서 태어나 자신만의 그림 세계를 열정적으로 펼쳐가고 있으며, 그동안 다수의 개인전과 그룹전을 열었다. 주요 개인전을 보면 2005년 인사아트센터, 2005년 뉴욕 첼시아트센터, 2006년 KBS 등이 있으며 2009년 5월 1일 일본 동경에서 기획전이 열린다. 또한 도서출판 물푸레와 공동으로 '영국이 낳은 신비의 작가 제임스 앨런과 여류화가 김미식의 현대미술의 만남' 이란 주제로 《제임스 앨런 생각시리즈》를 진행하고 있다.

인간: 마음·몸·환경의 왕

지은이 | 제임스 앨런
옮긴이 | 고명선 그림 | 김미식
펴낸이 | 우문식
펴낸곳 | 도서출판 물푸레

초판 1쇄 인쇄 2009년 3월 10일
초판 1쇄 발행 2009년 3월 15일

등록번호 | 제 1072-25호
등록일자 | 1994년 11월 11일
경기도 안양시 동안구 호계1동 950-51
TEL | (031) 453-3211, FAX | (031) 458-0097
e-mail | mpr@mulpure.com
homepage | www.mulpure.com

이 책의 한국어판 저작권은 베스툰코리아를 통하여
데보스출판사와 계약한 물푸레에 있습니다.
저작권법에 의하여 보호받는 저작물이므로
사전 허락 없는 무단 전재나 복제를 금합니다.

값 5,900원

ISBN 978-89-8110-266-1 04840
ISBN 978-89-8110-261-6 (세트)

차례

제임스 앨런에 대하여 _ 6

내부의 정신세계 _ 14
외부의 물질세계 _ 26
습관 : 습관의 속박과 습관의 자유 _ 38
몸과 마음의 관계 _ 52
고귀한 가난은 아름답다 _ 66
인간의 정신적인 주권 _ 78
체념이 아닌 승리 _ 84

제임스 앨런에 대하여

제임스 앨런은 20세기의 '신비의 문인'으로 불린다. 그의 베스트셀러인 고전 『생각하는 그대로As a man Thinketh』가 전세계 1,000만 명 이상의 독자들에게 알려졌지만, 정작 이 책의 저자인 그에 대해서는 별로 알려진 게 없다.

제임스 앨런은 1864년 영국 레스터에서 태어났으며 어릴 때 그의 아버지를 따라 미국으로 갔다. 그의 아버지는 유복한 사업가였지만 좋지 않은 경제상황 때문에 1878년 파산했고, 그 다음해 비참하게 살해

당했다. 이러한 가정환경 때문에 제임스 앨런은 15세 때부터 그의 가족을 위해 일하지 않으면 안 되었다. 앨런은 결국 결혼했고, 영국 거대기업의 행정을 다루는 개인 서기관이 되었다.

38세에 그는 인생의 갈림길에 도달했다. 톨스토이의 저작들에 의해 영향받은 앨런은 돈을 벌고 소비하는 데 모든 것을 바치는 경박한 행위가 의미 없는 삶이라는 것을 깨닫기 시작하였다. 그는 직장에서 은퇴하고, 묵상의 삶을 수행하기 위해 영국 남서부

연안에 있는 작은 시골집으로 이사를 했다. 여기 해안의 골짜기에서 앨런은 그의 스승이였던 톨스토이의 교훈대로 자발적인 빈곤, 영적인 자기 훈련 그리고 검소한 삶을 통해 자신의 꿈을 수행했다.

앨런은 성경 말씀 속에 빛나는 지혜를 마음 깊이 새겼을 뿐 아니라, 동양의 고전에서 많은 깨달음을 얻었다. 글쓰기와 명상, 그리고 소일거리로 정원 가꾸는 일을 하면서 정신적인 삶을 영위할 수 있는 토양을 마련하였다.

전형적인 앨런의 하루는 아침 일찍 일어나고, 한 시간 넘게 명상을 위해 그곳에 머물렀던 바다가 내려다 보이는 절벽을 산책하는 것이었다. 그러한 가운데 눈에 띄지 않는 거미집처럼 그의 영적인 비전은 고양되고, 그가 알려고 하지 않아도 우주의 비밀이 눈앞에 펼쳐졌다. 고요한 이러한 감동들은 내부에 기억되었다. 그는 집으로 돌아온 후에, 종이에 자신이 느낀 단상들을 기록했다. 오후에는 정원을 돌보는 일에 매진했고 저녁에는 고상한 철학적 논점을 논쟁하길 원하는 마을 사람들과의 친교를 나눴다.

10년 동안 앨런은 묵상과 사색적인 삶을 살았고,

그의 저작의 로얄티로부터 나오는 적은 수입으로 생활했다. 그가 48세가 되었을 때, 그는 갑자기 우리 곁을 떠났다. 그는 참으로 미지의 사람이었고, 명성에 의해 훼손당하지 않고, 운명에 의해 좌우되지 않고 그가 원했던 삶의 방식대로 살다 죽었다. 그의 작품은 후에 문학적으로 천재적이고 영적인 것으로 인정받았다. 그러나 이것은 알려지지 않은 영국의 신비주의자가 원하던 길이었다. 그가 죽은 후에 그의 영적인 통찰력은 세계로 전파되었다.

그는 자신의 책 『생각하는 그대로 As a man Thinketh』에서 "고결하고 숭고한 인격은 신의 은혜를 입거나 운이 좋아서 생긴 것이 아니다. 올바른 생각을 하려고 끊임없이 노력하고, 신과 같은 숭고한 생각을 소중하게 품어온 대가이다"라고 말하고 있다.

앨런은 다음과 같은 원칙을 깨달았다. 바로 "인간은 자신의 정신으로부터 분리될 수 없다"라는 것이다. 인간의 삶은 자신의 생각으로부터 분리될 수 없다. 마치 빛, 광채, 색상이 서로 분리될 수 없듯이, 정신과 생각은 인간의 삶과 떨어져 생각할 수 없는 것이다. 그러므로 생각을 변화시키면 사람을 변화시킬 수 있다는 결론이 나온다.

앨런의 이와 같이 심오하고 호소력 있는 내용 때문에 이 책은 지금까지 많은 사람들에게 읽혀지고 있으며, 현대 명상 문학의 원조로 알려져 있다. 이 한 권의 책을 읽고 얼마나 많은 이들이 감동받았는지 헤아릴 수 없을 정도이다. 이 책은 영어권 국가만 해도 수십 개의 출판사에서 출판하고 있으며, 그 밖의 나라에서도 번역 출판되고 있다. 이 책의 판매량은 줄잡아 1천만 권이 넘는 것으로 추측된다.

그는 19권의 저서를 남겼다.

내부의 정신세계

인간은 행복과 불행의 창조자이다. 더욱이 인간은 자신의 행복과 불행을 만들고 지속시키는 당사자이다. 행복과 불행은 외부적으로 강요된 것이 아니다. 그것들은 내면적 상태이다. 그것들의 원인은 신도 악마도 환경도 아니고 바로 생각이다. 행복이나 불행은 행위의 결과이며, 행위는 생각이 외부로 드러난 측면이다. 고정된 사고방식이 행동방식을 결정하고 행동방식으로부터 행복과 불행이라고 불리는 반작용이 나온다. 사정이 그러하기 때문에, 반작용인

결과를 변화시키려면 작용의 원인인 생각을 변화시켜야 한다. 불행을 행복으로 바꾸려면 불행의 원인인 고정된 사고방식과 습관적인 행동방식을 반대 방향으로 전환하는 것이 필요하며, 그렇게 하면 반대의 결과가 마음과 삶에 나타날 것이다. 인간은 이기적으로 생각하고 행동하면서 동시에 행복할 수 있는 힘은 갖고 있지 않다. 또한 인간은 이타적으로 생각하고 행동하면서 불행할 수는 없다. 원인이 있는 곳은 어디든지 결과가 나타나게 마련이다. 인간은 결

과를 폐기할 수는 없지만 원인을 바꿀 수는 있다. 인간은 자신의 본성을 정화할 수 있고 자신의 성격을 고칠 수 있다. 자기 자신을 정복하면 거대한 힘을 갖게 되며, 자기 자신을 보다 나은 방향으로 변화시키는 것에는 큰 기쁨이 있다.

정신세계는 생각의 크기와 성질에 따라 이루어진다

각 사람은 자신의 생각의 크기만큼 정신적 시야가 제한되지만, 자신의 시야를 점차 넓힐 수가 있고, 자신의 정신세계를 확장하고 향상시킬 수 있다. 낮은 정신세계를 떠나서 높은 정신세계로 올라갈 수 있으며, 어둡고 증오에 찬 생각을 품고 사는 것을 그만두고 밝고 아름다운 생각들을 마음속에 품을 수 있다. 그리고 그렇게 하면, 힘과 아름다움이 있는 더 높은 정신세계로 들어가서 더 완전하고 완벽한 세계를 의식하게 될 것이다.

사람은 각자가 지닌 생각의 성질에 따라 낮은 세계나 높은 세계에서 살고 있다. 세상이 어둡고 좁다고 생각하는 사람에게는 세상이 어둡고 좁은 것으로 나타나며, 이해력이 큰 사람에게는 그만큼 광대하고 찬란한 세계가 나타난다. 각 사람이 보고 체험하는 모든 것은 각자의 생각에 물들어 나타난다.

의심이 많고 탐욕스럽고 시기심이 강한 사람을 상상해 보자. 그 사람에게는 얼마나 모든 것이 작고 초라하고 따분하게 보이겠는가. 자기 안에 위대함이 전혀 없으니, 그는 어디에서도 위대한 것을 전혀 보지 못한다. 자기 자신이 저열하기 때문에 그는 어떤 존재에게서도 고귀함을 볼 수 없다. 그런 사람은 신도 뇌물을 써서 달랠 수 있는 탐욕스러운 존재인 것으로 생각하며, 다른 모든 사람들도 자기처럼 작고 이기적인 마음씨를 가진 것으로 판단한다. 그래서 그는 다른 사람이 이타적인 동기에서 가장 숭고한 행위를 하더라도 그것이 비열하고 천한 동기에서 나온 것으로 본다.

의심하지 않으며 관대하고 도량이 큰 사람을 또 상상해 보자. 그가 보는 세계는 얼마나 놀랍고 아름답겠는가. 그는 모든 존재와 피조물에서 어떤 고귀함을 알아본다. 그는 다른 사람들을 참된 존재로 보며, 그에게는 다른 사람들이 참되게 행동한다. 그 사람앞에서는, 가장 비열한 사람도 순간적인 정신적 고양 속에 자신의 본성을 잊고 잠시 그 사람처럼 되어, 고차적인 현상의 질서를, 헤아릴 수 없을 정도로 더 고귀하고 행복한 삶을 어렴풋이나마 예감한다.

위에서 예를 든 비열한 사람과 마음이 큰 사람은, 비록 같은 사회 안에서 이웃으로 살고 있지만, 서로 다른 두 세계에 살고 있다. 그들의 의식은 전적으로 서로 다른 원리를 받아들인다. 그들의 행위는 서로 정반대이다. 그들의 도덕적 안목은 정반대이다. 그들은 각각 서로 다른 사리事理를 바라본다. 그들의 정신세계는, 마치 분리된 두 원처럼 분리되어 있고 절대로 섞이지 않는다. 한쪽은 지옥에 있고 다른 한쪽은 천국에 있으며, 실로 언제나 그렇게 분리되어 있을 것이고, 이 둘 사이에 이미 존재하는 간격은 죽음 이후에 더 넓어지는 것도 아니다. 비열한 사람에게는 세상이 도둑들의 소굴로 보인다. 마음이 큰 사람에게 세상은 신들의 거주지이다. 비열한 사람은 권총을 휴대하고, 남에게 강탈당하거나 사기당할 가능성에 항상 대비하고 있다. 자신이 항상 스스로를 약탈하고 속이고 있다는 사실을 모르고서 말이다. 마음이 큰 사람은 가장 좋은 가능성을 펼칠 준비를 한다. 그는 재능, 아름다움, 천재성, 미덕에 마음의 문을 연다. 그의 친구들은 인간 품성의 최상층부이다. 그것들은 그의 일부가 되었다. 그것들은 그의 사고思考 영역에, 그의 의식 세계에 있다. 그의 마음으로부터 고귀한 말과 행동이 흘러나오고, 그것은 그를 사랑하고 존경하는 다수의 사람들에 의해 열 배로 그에게 되돌아간다.

생각의 폭을 넓혀야 더 많이 알 수 있다

자연적으로 사회에 형성되어 있는 계급의 구분은 단지 의식 세계의 차이를, 그리고 의식 세계를 나타내는 행동 양식의 차이를 보여 주는 것이다. 프롤레타리아 계급이 이러한 구분에 반발할 수도 있지만, 그러한 구분을 변경시키지는 못할 것이다. 자연적인 친화력이 전혀 없고 삶의 근본 원리가 서로 달라서 구분되어 있는 의식 상태를 인공적인 요법으로 평등하게 만들 수는 없다. 법을 지키는 사람과 법을 지키지 않는 사람은 영원히 구분되어 있다. 그들을 구분하는 것은 미움도 오만도 아니고 바로 도덕적 원리의 면에서 서로 아무 관계없이 존재하는 지성의 상태와 행동 양식의 차이이다. 무례하고 버릇없는 사람들은 그들 자신의 심성이라는 넘어설 수 없는 벽에 의해 예의바르고 세련된 사람들의 세계에서 차단된다. 이 벽은 끈기 있는 자기수양을 통해 제거할 수도 있지만, 절대로 야비하게 침입해서 넘어갈 수는 없다. 천국은 폭력으로 얻어지는 것이 아니다. 천국의 원리에 순응하는 사람만이 그곳에 입장할 수 있다. 악한은 악한의 공동체로 들어간다. 반면에 성자聖者는 신성한 음악과 영적으로 교제하는 선택된 형제단의 일원이다. 모든 사람은 그들 자신의 외양에 따라 반사하는 거울들이다. 즉 모든 사람은, 다른 사람과 사물을 볼 때, 실은 그들 자신의 영상을 되돌려 비추는 거울을 들여다보고 있다.

각자는 자신의 생각의 크기만큼 좁거나 넓은 사고 범위 안에서 움직이며, 그 범위 바깥의 모든 것은 그에게 존재하지 않는 것과 마찬가지다. 각 사람은 자신의 존재 범위만큼만 알 수 있고, 자신이 아직 되어보지 못한 것은 알 수 없다(원문은 He only knows that he has become. 직역하면 "각자는 자신이 이미 된 것만 안다." 자신이 아직 도달하지 못한 상태나 존재를 이해할 수는 없다는 뜻 —옮긴이).

생각의 한계가 좁으면 좁을수록, 더 이상의 한계나 다른 영역은 없다고 더욱더 확신하게 된다. 더 작은 것은 더 큰 것을 포함할 수 없으므로 작은 정신은 보다 큰 정신을 이해할 방법이 전혀 없다. 보다 큰 정신을 이해하게 되는 것은 오직 성장을 통해서만 가능하다. 아주 넓게 확장된 의식 세계에서 움직이는 사람은 자신이 과거에 체험하고 지나온 보다 작은 모든 사고 범위를 이해한다. 보다 큰 경험 속에는 보다 작은 모든 경험들이 포함되어 있고 보존되어 있기 때문이다. 그리고 그의 사고 범위가 완전한 인격의 영역에 접촉했을 때, 그가 결백한 품행과 심오한 이해를 가진 사람들과 사귀고 대화하는 데 필요한 준비를 하고 있을 때, 비로소 그의 지혜는 자신이 아직 어렴풋이 의식하고 있거나 전혀 모르는 보다 넓은 의식 세계가 더 있다는 걸 스스로 납득할 만큼 충분히 성장해 있을 것이다.

자신의 지식과 무지의 수준이 스스로를 발견하게 한다

사람은, 어린 학생처럼, 자신의 지식과 무지의 수준에 따라 특정한 단계에 처해 있는 스스로를 발견하게 된다. 6학년의 수업과정은 1학년의 아이에게는 수수께끼와 같아서 그의 이해 범위 밖과 위에 있다. 그러나 그 아이가 배움에 끈기 있게 노력하고 꾸준히 성장한다면 6학년의 과정을 이해하게 된다. 2학년부터 5학년 과정까지를 숙달하고 정복함으로써, 그 아이는 마침내 6학년 과정에 도달하여 그 내용을 자기 것으로 만들 수 있다. 그리고 그 위에는 선생님의 영역이 있다.

마찬가지로 인생에서도, 나쁘고 이기적인 행위를 하는 사람들, 격정과 사리사욕에 가득 찬 사람들은 밝고 이타적인 행위를 하는 사람들과 고요하고 깊고 순수한 정신을 가진 사람들을 이해할 수가 없다. 그러나 그들도 올바른 품행에 힘써 노력함으로써, 생각의 범위와 도덕적 판단력을 향상시킴으로써 보다 높은 단계에, 이 폭넓은 의식에 도달할 수 있다. 그리고 보다 낮고 보다 높은 모든 단계들 너머에 인류의 스승들, 우주적 지도자들, 각 종교의 신도들이 숭배하는 구세주가 있다. 학생들 사이에 단계가 있는 것처럼 스승들 사이에도 단계가 있어서 정신적 지도자의 지위와 위치까지는 아직 도달하지 못했지만 진정한 도덕적 품성을 갖추어 안내자 겸 스승의 역할을 하는 사람들도 있다. 그러나 설교자의 역할을 맡는 것이 한 인간을 스승으로 만들지는 못한다. 한 인간이 스승으로 되는 것은 인류에 대한 존경심과 경외심을 불러내는 도덕적 위대성 덕분이다.

각 사람은 그가 하는 생각의 수준만큼 낮거나 높고, 작거나 위대하고, 비천하거나 고귀하다. 그 이상도 그 이하도 아니다. 각 사람은 자신의 사고 영역 내에서 움직이며 그 영역이 그의 세계이다. 자신의 사고 습관을 형성하는 그 세계에서 그는 자신의 친구들을 발견한다. 그는 자신의 개인적인 성숙도와 조화를 이루는 영역에 거주하게 된다. 그러나 그는 보다 낮은 세계에 반드시 머물러 있을 필요는 없다. 그는 자신의 생각을 고양시키고 상승시킬 수 있다. 그는 보다 높은 세계를 향해 올라가서 보다 행복한 거주지에 들어갈 수 있다. 그가 선택하고 원할 때, 그는 이기적인 생각이라는 껍질을 깨부수고, 보다 광대한 삶의 보다 순수한 공기를 호흡할 수 있다.

외부의 물질세계

 물질세계는 정신세계의 반대편이다. 내면의 정신세계가 외부의 물질세계를 형성한다. 더 큰 것이 더 작은 것을 포함한다. 물질은 정신의 상대편counterpart이다. 사건들은 생각의 흐름이다. 각자가 처해 있는 상황은 그의 여러 생각들이 함께 빚어낸 결과이다. 각자가 관련되어 있는 다른 사람의 행위와 외부 조건들은 그 자신의 정신적 요구와 발전에 밀접하게 관련되어 있다. 사람은 그를 둘러싼 환경의 일부이다. 사람은 그의 동료와 친구들로부터 분리되어 있

는 것이 아니라, 독특한 친밀성과 행위의 상호작용에 의해, 그리고 인간 사회의 기초를 이루는 근본적인 '생각의 법칙'에 의해, 밀접하게 결합되어 있다.

 사람은 자신의 일시적인 변덕과 바람에 맞추어 외부의 현상을 변경시킬 수는 없지만, 자신의 변덕과 바람을 제쳐 놓을 수는 있다. 외부의 현상에 대한 자신의 마음자세를 변화시킴으로써 외부 현상이 다른 양상을 띠도록 할 수 있는 것이다. 사람은 자신에 대한 다른 사람의 행위를 마음대로 주무를 수는 없지

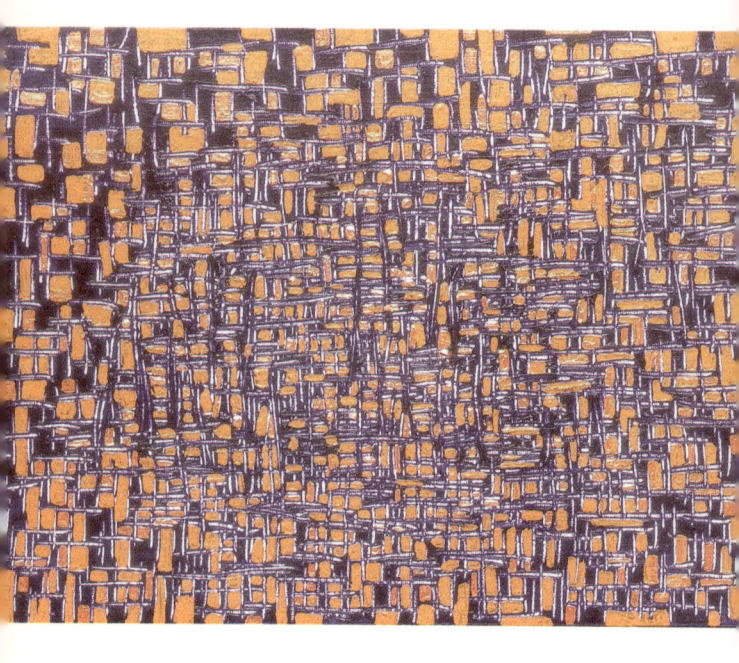

만, 다른 사람에 대한 자신의 행위를 올바르게 조정할 수는 있다. 사람은 자신을 둘러싼 상황이라는 벽을 허물 수는 없지만, 자신을 그 상황에 현명하게 적응시킬 수 있고, 또는 자신의 정신적 지평을 확장함으로써 보다 나은 상황 속으로 탈출하는 길을 찾을 수도 있다.

생각을 바꾸면 외부 현상도 새롭게 조정된다

사물과 현상은 생각을 따른다. 당신의 생각을 바꿔라. 그러면 외부 현상은 새롭게 조정될 것이다. 거울이 대상을 정확히 비추려면 거울 자체가 완벽한 수평 상태여야 한다. 휘어진 거울은 왜곡된 이미지를 비추게 된다. 불안하고 산란한 마음은 왜곡된 모습의 세상을 바라본다. 마음을 가라앉히고 다스려 고요하게 하라. 그러면 더 아름다운 세상의 모습을 보게 되고 세계의 질서를 더 완벽하게 알아보게 될 것이다.

사람은 자기 마음의 세계 안에서는 마음을 정화하고 완성하는 데 필요한 모든 힘을 갖고 있다. 그러나 다른 사람의 마음이라는 바깥 세계에서 그가 행사할 수 있는 힘은 제한적이고 종속적이다. 이 사실은, 우리 각자가 많은 사람들과 사물의 세계 안에 포함되어 있는 스스로를 발견한다는 것, 즉 수많은 비슷한 단일체들 사이에 있는 한 단일체로서 스스로를 발견한다는 것을 생각해 보면 명백해진다. 이러한 단일체들은 독립적으로 마음대로 행동하는 것이 아니라 다른 단일체에 공감하고 반응하여 행동한다. 나의 동포들은 내 행위에 영향을 받고 그것을 처리한다. 만약 내 행위가 그들에게 위협이 된다면 그들은 나에 대항해서 보호 수단을 채택할 것이다. 사람의 몸이 죽은 세포를 몰아내는 것처럼 국가도 반사회적인 구성원들을 본능적으로 쫓아낸다. 그대의 잘못된 행위는 국가에 가해진 상처들이고, 그 상처의 치료가 바로 그대의 고통과 슬픔이 될 것이다.

이러한 윤리적인 인과관계는, 가장 단순한 사람도 잘 알고 있는 물리적인 인과관계와 다르지 않다. 그것은 동일한 법칙의 연장일 뿐이며, 인류라는 보다 큰 몸에 적용된 사례이다. 어떤 행위도 고립되어 있지 않다. 그대의 가장 은밀한 행위도 지켜보는 영적 존재가 있으며, 좋은 행위는 기쁨 속에 보호되고 나쁜 행위는 고통 속에 파괴된다. "생명의 책"에 모든 생각과 행위가 기록되고 심판된다는 옛날 이야기 속에는 위대한 윤리적 진리가 담겨 있다. 그대의 행위는 그대 자신에게만 속한 것이 아니라 인류와 우주 전체에도 속하기 때문에 그대는 외부적인 결과를 피할 힘이 전혀 없다. 그러나 그대는 마음속의 원인을 고치고 변경하는 데는 전능하며, 자기 자신의 행위를 완전하게 하는 것이 사람의 최고 의무이자 가장 탁월한 성취인 것도 이 때문이다.

행위라는 씨앗이 자라서 익어 운명이 된다

이러한 진실 -그대에게는 외부적인 현상과 다른 사람의 행위를 제거할 힘이 전혀 없다는 것- 의 이면은, 외부적인 현상과 다른 사람의 행위는 그대를 해칠 힘이 전혀 없다는 것이다. 그대의 속박의 원인은 해방의 원인과 마찬가지로 그대 내부에 있다. 다른 사람을 통해 그대에게 오는 해악은 그대 자신의 행위가 되돌아온 것이며, 그대의 마음자세가 반사된 것이다.

그것들은 도구이며 그대 자신이 원인이다.

행위라는 씨앗이 자라서 익은 것이 바로 운명이다. 삶의 열매는, 쓰라린 것과 감미로운 것 모두, 각자가 뿌린 대로 정확히 각자에게 돌아간다. 정의로운 사람은 자유롭다. 아무도 그를 해칠 수 없다. 아무도 그를 파괴시킬 수 없다. 아무도 그에게서 평화를 빼앗아 갈 수 없다. 다른 사람들에 대한 그의 태도는, 올바른 이해에서 우러나온 것이기에, 그를 해칠 수도 있는 그들의 힘을 무력하게 만든다. 다른 사람들이 그에게 상해를 입히려 해도 그것은 그들 자신에게 되돌아가 스스로 상처 입을 뿐, 그를 다치게 하거나 건드리지 못한다. 그에게서 나오는 선은 그가 누리는 행복의 영원한 원천이고 그가 지닌 힘의 영원한 근원이다. 그 선의 뿌리는 평정심이고 그 꽃은 기쁨이다.

다른 사람이 자신에게 가하는 행위에서 발견하는 해악은 -예를 들자면, 비방이나 명예훼손- 그 행위 자체에 있는 것이 아니라 그것을 받아들이는 그의 마음자세에 있다. 손해와 불쾌함은 그 자신의 생각이 만들어 낸 것이며, 행위의 본질과 힘에 관한 그의 무지에 기인한다. 그는 그 행위가 자신의 인격을 영구히 손상시키거나 훼손할 수 있다고 생각한다. 그러나 그 행위는 그럴 힘이 조금도 없다. 사실을 말하자면 그 행위는 오직 그 행위자만 해치거나 파멸시킬 수 있다. 자신이 피해를 입었다고 생각함으로써 그 사람은 짜증나고 불쾌해지며 그 피해를 무마하기 위해 힘들게 수고하게 된다. 그리고 이러한 수고는 그 비방이 사실인 것처럼 보이게 하여, 명예훼손을 저지하기보다 오히려 돕게 된다. 그가 느끼는 모든 짜증과 불안은 그 행위 자체 때문에 실제로 발생한 것이 아니라 그가 그 행위를 받아들이는 자세 때문에 발생한 것이다.

의로운 사람들은 비방이나 중상을 당하더라도 조금도 동요하지 않음으로써 이 사실을 증명해 왔다. 의로운 사람은 이해하기 때문에 그것을 무시한다. 그것은 의로운 사람이 더 이상 거주하지 않는 영역에, 그가 더 이상 약간의 호감도 갖지 않는 의식 세계에 속한다. 의인은 비방을 받아들이지 않으며 피해를 입었다고 생각하지 않는다. 의인은 그런 행위가 번성하는 정신적 어둠을 초월하여 살아간다. 그런 행위가 의인을 해치거나 방해하지 못하는 것은, 어린 소년이 태양에 돌을 던져서 태양에 해를 입히거나 진로를 바꿀 수 없는 것과 같다. 부처는 생애의 마지막 날까지 제자들에게 다음과 같은 가르침을 거듭 반복해서 강조했다. 그것은 어떤 이가 "나는 피해를 입었다", "나는 사기를 당했다", 또는 "나는 모욕을 당했다"는 생각이 마음속에 일어날 수 있는 한, 그는 아직 진리를 이해하지 못했다는 것이다.

그리고 다른 사람의 행위와 마찬가지로 외부 현상 –주위 환경과 상황– 도 의인을 해치거나 방해하지 못한다. 외부 현상 자체는 좋은 것도 나쁜 것도 아니며, 그것을 좋거나 나쁘게 만드는 것은 정신적인 태도와 마음의 상태이다. 어떤 사람은 만약 외부 상황 –돈의 부족, 시간 부족, 영향력 부족, 가족 관계로부터 생기는 의무– 때문에 방해받지만 않는다면 자기가 큰일을 할 수 있을 거라고 생각한다. 실은, 그 사람이 이러한 외부 상황 때문에 방해받는 것은 결코 아니다. 그는 외부 상황이 실제로 갖고 있지 않은 힘을 그것에 돌리고, 외부 상황에 굴복하는 것이 아니라 그것에 대한 자신의 의견에, 즉 자기 본성의 약한 요소에 굴복하는 것이다. 그를 방해하는 진짜 요인은 올바른 마음 자세의 결핍이다. 그가 주변 상황을 자신의 잠재력을 계발하게 하는 자극으로서 간주할 때, 소위 '장애물'을 자신이 성공적으로 목표지점에 도달하기 위해 밟고 지나갈 계단으로 이해할 때, 그때서야 그의 필요는 발명을 낳게 되고 '방해물'은 도움을 주는 수단으로 변모한다. 그 사람 자신이 가장 중요한 요인이다. 그가 신중하고 올바른 마음자세를 가지고 있다면, 외부 상황에 대해 투덜대거나 한탄하지 않을 것이며, 그것을 극복하고 벗어날 것이다. 자신이 처한 상황을 불평하는 사람은 아직 진정한 성인成人이 되지 않았다. 운명은 그가 어른다운 힘을 획득할 때까지 괴롭게 하고 채찍질할 것이며, 그 후에야 그에게 복종할 것이다. 환경은 나약한 사람에게 엄한 감독관이며 강한 사람에게는 순종적인 하인이다.

자신을 자유롭게 하는 생각을 선택하라

우리를 속박하거나 자유롭게 하는 것은 외부 상황이 아니라 그것에 대한 우리의 생각이다. 우리는 자신의 굴레를 만들고 자신의 감옥을 짓고 자신을 죄수로 만들기도 한다. 또는 자신의 속박을 풀고 자신의 궁전을 짓거나 모든 사건과 상황을 통해 자유롭게 돌아다니기도 한다. 만약 나의 주변 상황이 나를 속박할 만큼 강력하다고 생각한다면, 그 생각이 나를 속박할 것이다. 만약 내가 주변 상황을, 내 생각과 실제 삶 속에서, 극복하고 벗어날 수 있다고 생각한다면, 그 생각이 나를 자유롭게 할 것이다. 사람은 자신의 생각에 대해 다음과 같이 점검해 봐야 한다. "내 생각들은 속박으로 향하고 있는가, 해방으로 향하고 있는가?" 그리고 나서, 속박하는 생각들은 버리고 자유롭게 해 주는 생각들을 선택해야 한다.

만약 우리가 동포들을, 여론을, 가난을, 친구들과 영향력의 상실을 두려워한다면, 우리는 정말로 속박되며, 깨달은 사람들의 내면적인 행복과 의로운 사람들의 자유를 알 수가 없다. 그러나 만약 우리의 생각이 순수하고 자유롭다면, 삶의 반작용과 불운 속에서도 우리를 괴롭히거나 두렵게 하는 것을 전혀 보지 못하고, 오히려 모든 것을 우리의 발전을 돕는 것으로 본다면, 우리가 삶의 목표를 성취하지 못하게 막을 수 있는 것은 아무것도 없다. 그때 우리는 진실로 자유롭기 때문이다.

습관: 습관의 속박과
   습관의 자유

 인간은 습관의 법칙에 종속되어 있다. 그렇다면 인간은 자유로운가? 그렇다. 인간은 자유롭다. 인간은 삶과 삶의 법칙들을 만들지 않았다. 그것들은 영원하다. 인간은 자신이 삶의 법칙들 속에 연루되어 있음을 발견하며, 그것들을 이해하고 따를 수 있다. 인간의 힘은 존재의 법칙들을 만들지는 못한다. 인간의 힘은 분별하고 선택하는 데 있다. 인간은 우주의 법칙이나 조건들 중의 미세한 일부라도 창조하지 못한다. 그것들은 현상의 본질적 원리들이며, 만들어

지지도 해체되지도 않는다. 인간은 그것들을 만드는 것이 아니라 발견한다. 이 세상의 고통은 그것들에 대한 무지에서 온다. 그것들을 무시하는 것은 어리석음이요 속박이다. 조국의 법률을 무시하는 도둑이 더 자유로운가, 아니면 그것을 따르는 정직한 시민이 더 자유로운가? 자기가 원하는 대로 살 수 있다고 생각하는 바보가 더 자유로운가, 아니면 옳은 행위만 선택하는 현명한 사람이 더 자유로운가?

습관의 법칙을 현명하게 활용하라

인간은, 현상의 본질 면에서 볼 때, 습관의 존재이며 인간이 이 사실을 변경할 수는 없다. 그러나 인간은 자신의 습관을 변경할 수 있다. 인간은 자기 본성의 법칙을 변경할 수는 없지만 자기 본성을 그 법칙에 순응시킬 수는 있다. 어느 누구도 중력의 법칙을 변경시키고자 하지 않으며, 모든 이가 그것에 순응한다. 사람들은 중력의 법칙을 무시하거나 거역하는 대신, 그것에 순응함으로써 그것을 이용한다. 사람들은 중력의 법칙이 자신들을 위해 변할 거라는 희망을 품고 벽을 향해 달려가거나 절벽에서 뛰어내리지는 않는다. 사람들은 벽과 나란히 걸으며 절벽에 가까이 가지 않는다.

인간이 습관의 법칙에서 벗어날 수 없는 것은 중력의 법칙에서 벗어날 수 없는 것과 같다. 그러나 인간은 습관의 법칙을 현명하게 또는 어리석게 이용할 수 있다. 과학자와 발명가들이 자연의 여러 힘과 법칙을 따르고 이용함으로써 자연의 힘을 지배하듯이 현명한 사람들은 정신의 여러 힘과 법칙을 같은 방법으로 지배한다. 나쁜 사람은 습관의 노예로 고통을 당하는 반면 좋은 사람은 습관을 현명하게 지배하고 다스린다. 좋은 사람은 습관의 법칙을 만든 주체가 아니고 그것을 마음대로 좌우하는 사람도 아니며, 복종에 기초한 지식 덕분에 그것을 지배하고 자기 훈련을 거쳐 그것을 이용하는 사람이다. 생각과 행위의 습관이 나쁜 자가 나쁜 사람이다. 반대로, 생각과 행위의 습관이 좋은 자가 좋은 사람이다. 나쁜 사람은 자신의 습관을 변화시킴으로써 좋은 사람이 된다. 그는 법칙을 바꾸지는 못한다. 그는 자기 자신을 바꾼다. 그는 습관의 법칙에 순응한다. 이기적인 방종에 빠지는 대신, 그는 도덕 원리들을 준수한다. 그는 보다 높은 것을 위해 봉사하는 데 참여함으로써 보다 낮은 것을 지배하게 된다. 습관의 법칙은 동일하게 남아 있지만 그는 그 법칙에 재적응함으로써 나쁜 사람에서 좋은 사람으로 변모한다.

습관은 반복이다. 인간은 동일한 생각들, 동일한 행위들, 동일한 경험들을 거듭 반복함으로써 마침내 그것들은 그의 존재와 하나가 되고, 마침내 그것들은 그의 일부로서 그의 인격 속에 포함되어 들어간다. 능력이란 고정된 습관이다. 진화는 정신적인 축적이다. 오늘날 인류의 상태는 생각과 행위가 무수히 반복되어 온 결과이다. 인간은 기성품이 아니다. 인간은 만들어지는 존재이며 지금도 변해 가고 있다. 인간의 인격은 자신의 선택에 의해 방향이 예정된다. 어떤 이가 선택한 생각과 행위는 습관에 의해 결국 그 사람 자신이 된다.

이와 같이 각 사람은 각자의 생각과 행위가 축적된 결과이다. 각자가 본능적으로 그리고 자연스럽게 나타내는 특성은, 오랜 반복에 의해 자동적이 된 일련의 생각과 행위이다. 습관이 된 생각과 행위는 마침내 당사자가 어떤 명백한 선택이나 노력을 하지 않는데도 스스로를 반복할 만큼 무의식적인 것이 된다. 이것이 바로 습관의 본질이다. 그리고 적당한 시간이 지나면, 당사자가 그 습관을 없애려고 해도 소용이 없을 만큼 습관이 그 사람을 완벽하게 소유하게 된다. 좋은 습관이든 나쁜 습관이든, 이것이 모든 습관의 진상이다. 나쁜 습관에 사로잡혔을 경우, 그 당사자는 나쁜 습관이나 부도덕한 정신의 '희생자'가 되었다고 사람들은 말한다. 좋은 습관에 사로잡혔을 경우, 그 당사자는 천성적으로 '좋은 성격'을 가졌다고 사람들은 말한다.

사람은 자기 습관에 종속된다

 모든 사람은 좋은 습관이든 나쁜 습관이든, 자기 자신의 습관에 종속되며 앞으로도 계속 그러할 것이다. 다시 말해서, 사람은 자신이 반복하고 축적하는 생각과 행위에 종속된다. 현명한 사람은 이 사실을 알기에 자신을 좋은 습관에 종속시킨다. 그러한 봉사는 기쁨, 행복, 그리고 자유이기 때문이다. 반면에 나쁜 습관에 종속되는 것은 불행, 비참, 노예 상태이다.

 이 습관의 법칙은 은혜로운 것이다. 그것은 한 인간이 스스로를 노예적인 습관에 속박되도록 할 수 있는 반면에, 옳은 일들을 무의식적으로 하게 될 만큼, 즉 조심이나 노력 없이 완벽한 행복과 자유 속에서, 옳은 일들을 본능적으로 하게 될 만큼 좋은 습관 안에 확고히 머물게도 할 수 있기 때문이다. 어떤 사람들은 인생에서 이러한 자동적 활동을 관찰하고 나서, 인간 주체의 의지나 자유의 존재를 부정해 왔다. 그런 사람들은 인간이 천성적으로 좋은 사람이나 나쁜 사람으로 태어난다고 말하며, 인간이 무의식의 맹목적인 힘에 무기력하게 휘둘리는 존재라고 생각한다.

습관은 노력해서 바꿀 수 있다

인간이 정신적인 여러 힘의 도구라는 것, 또는 더 정확히 말해서, 인간이 정신적인 힘들 그 자체라는 것은 사실이다. 그러나 정신적인 힘들은 맹목적이지 않다. 인간은 그 힘들을 다스릴 수 있고 새로운 방향으로 재조정할 수 있다. 간단히 말해서, 인간은 자신의 습관을 직접 만들 수 있고 재구성할 수도 있다. 인간이 어떤 주어진 성격을 지니고 태어난다는 것도 사실이다. 그 성격은 무수한 전생前生 동안 수많은 선택과 노력을 통해 서서히 형성되어 온 것이며, 지금의 생애에서 새로운 경험을 통해 상당히 수정될 것이다.

어떤 사람이 나쁜 습관이나 나쁜 성질 -이 둘은 본질적으로 같다- 의 횡포 밑에서 아무리 명백하게 무기력한 모습을 보이더라도, 그는 제정신이 있는 한,

그 습관을 깨고 나와서 자유롭게 되어 정반대의 좋은 습관으로 그 나쁜 습관을 대치할 수 있다. 나쁜 습관이 과거에 그를 사로잡았듯이 좋은 습관이 이제 그를 사로잡는다면, 그 습관을 벗어날 필요도 바람도 없을 것이다. 그 습관의 지배는 지속적인 불행이 아니라 영원한 행복일 것이기 때문이다.

자기 마음속에 형성했던 것은, 본인 스스로 원하고 결심할 때 그것을 허물고 다시 형성할 수 있다. 그런데 인간은 나쁜 습관이라 할지라도 그것을 유쾌한 것으로 간주하는 동안에는 그것을 버리고 싶어하지 않는다. 그것이 자신을 고통스럽게 지배하고 있는 것으로 나타날 때에야 비로소 탈출의 길을 찾기 시작하고 결국 더 좋은 습관을 위해 나쁜 습관을 버리게 된다.

무력하게 속박당하고 있는 사람은 아무도 없다. 스스로를 구속하는 노예가 되게 한 바로 그 법칙을 통해 스스로를 해방시킨 주인이 될 수 있다. 이것을 알려면, 실제로 해 보는 수밖에 없다. 즉 생각과 행위의 옛 습관을 신중히 온 힘을 다해 끊어 버리고 보다 나은 새 습관을 부지런히 형성해야 한다. 하루, 일주일,

한 달, 일 년, 또는 오 년 안에 이 일을 성취하지 못한 다 해도 낙심하거나 실망해서는 안 된다. 새로운 반복이 확고히 자리 잡고 예전의 반복이 부서져 사라지려면 시간이 필요하다. 그러나 습관의 법칙은 확실하고 절대로 오류가 없다. 끈기 있게 추구하고 결코 포기하지 않는 일관된 노력은 반드시 최후에는 성공하게 된다.

일종의 결여에 불과한 나쁜 상태가 자리를 잡고 확고해질 수 있다면, 긍정적 원리인 좋은 상태는 얼마나 더 확실히 자리를 잡고 강력해질 수 있겠는가! 인간은 자기 자신을 무력한 존재로 간주하는 동안만 자기 안의 그릇되고 불행한 요소를 극복하지 못한다. "난 할 수 없어!"라는 생각이 나쁜 습관에 더해진다면 그 나쁜 습관은 계속 남을 것이다. 무력하다는 생각이 마음속에서 뿌리 뽑히고 폐지될 때까지는 아무것도 극복될 수 없다. 큰 걸림돌은 습관 그 자체가 아니라 그것을 극복할 수 없다는 믿음이다. 그것이 불가능하다고 믿는 한 어떻게 나쁜 습관을 극복할 수 있겠는가? 어떤 이가 나쁜 습관을 스스로 극복할 수 있음을 알고 그렇게 하기로 결심했을 때 무엇이 그의 성취를 막을 수 있겠는가? 인간으로 하여금 스스로를 노예로 만들게 하는 주요한 생각은 "나는 내 죄를 극복할 수 없다"이다. 이 생각을 이성적으로 검토하여 그 본질을 탐구하면, 그것은 악의 힘에 대한 믿음이자 선의 힘에 대한 불신으로 드러난다. 자신은 잘못된 생각과 잘못된 행동을 극복할 수 없다고 믿거나 말하는 것은 악에 굴복하는 것이며 선을 포기하고 저버리는 것이다.

변화된 마음자세가 성격과 습관과 삶을 변화시킨다

그러한 생각과 그러한 믿음에 의해, 인간은 스스로를 속박한다. 정반대의 생각과 정반대의 믿음에 의해, 인간은 스스로를 해방시킨다. 변화된 마음자세는 성격과 습관과 삶을 변화시킨다. 인간은 자기 자신의 구원자이다. 인간은 자신의 노예 상태를 스스로 만들었으며, 또한 스스로 자신의 해방을 가져올 수 있다. 모든 시대를 통해 인간은 외부의 구원자를 찾아왔으며 지금도 찾고 있지만 여전히 속박되어 있다. 위대한 구원자는 마음속에 있다. 그 구원자는 진

리의 영靈이며, 진리의 영은 선善의 영이다. 그리고 좋은 생각과 그 결과인 좋은 행위 속에 머무는 것이 습관으로 된 사람은 선의 영 속에 있다.

인간은 자신의 잘못된 생각들 외부의 어떤 다른 힘에 의해 속박되는 것이 아니며, 이 잘못된 생각들로부터 스스로를 해방시킬 수 있다. 그리고 무엇보다도, 인간이 벗어날 필요가 있는 노예적인 생각들은 다음과 같다. "나는 훌륭하게 될 수 없어", "난 나쁜 습관에서 벗어날 수 없어", "나는 내 성질을 바꿀 수가 없어", "나는 내 자신을 다스리고 극복할 수 없어", "나는 죄를 벗어날 수 없어." 이 모든 "할 수 없어"는 실제로 그런 일들 속에 있는 것이 결코 아니며, 오직 생각 속에만 존재하는 것이다.

이러한 부정적 사고들은 근절될 필요가 있는 나쁜 사고 습관이다. 그 자리엔 "난 할 수 있어"라는 긍정적 사고가 뿌리를 박아야 한다. 그리고 이 긍정적 사고는, 강력한 습관의 나무로 자라나 올바르고 행복한 삶이라는, 생기를 주는 좋은 열매를 맺을 때까지 돌봐 주고 키워야 한다.

습관은 우리를 속박한다. 습관은 우리를 자유롭게

한다. 습관은 일차적으로 생각에 있고 이차적으로 행위에 있다. 생각을 나쁜 것에서 좋은 것으로 바꿔라. 그러면 행위는 즉각 바뀔 것이다. 나쁜 생각을 고집하면 그것은 그대를 점점 더 강력히 속박할 것이다. 좋은 생각을 고집하라. 그러면 그것은 점점 더 넓어지는 자유의 세계로 그대를 데려갈 것이다. 자신의 속박을 사랑하는 사람이 있으면, 속박된 채 남아 있게 하라. 자유를 갈망하는 사람이 있으면, 좋은 생각을 거쳐 자유롭게 하라.

몸과 마음의 관계

 오늘날에는 육체를 치유하는 데 몰두하는 서로 다른 여러 학파가 있는데, 이 사실은 신체적인 고통이 널리 만연하고 있음을 보여 준다. 사람의 마음을 위안하는 데 전념하는 수많은 종교가 있는 것은 정신적인 고통이 그만큼 보편적이라는 것을 나타내듯이 말이다. 이러한 각 학파는, 설령 악을 근절하지는 못할지라도, 고통을 줄이는 데 효과가 있는 한 존재한다. 많은 종교가 있음에도 불구하고 죄와 슬픔이 여전히 남아 있는 것처럼, 육체의 치유에 전념하는 모

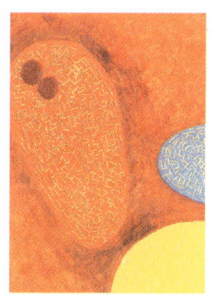

든 학파의 노력에도 불구하고 질병과 고통의 현실은 우리 곁에 남아 있다.

 질병과 고통은 죄나 슬픔과 마찬가지로, 너무 뿌리가 깊어서 일시적으로 완화시키는 방책으로는 제거될 수가 없다. 우리의 병은 마음속에 깊이 뿌리를 내린 윤리적인 원인을 갖고 있다. 그렇다고 해서 내가 물질적인 조건은 질병에서 아무 역할도 못한다고 생각하는 것은 아니다. 물질적인 조건은 인과관계의 연쇄에서 여러 요인으로서, 즉 수단으로서 중요한

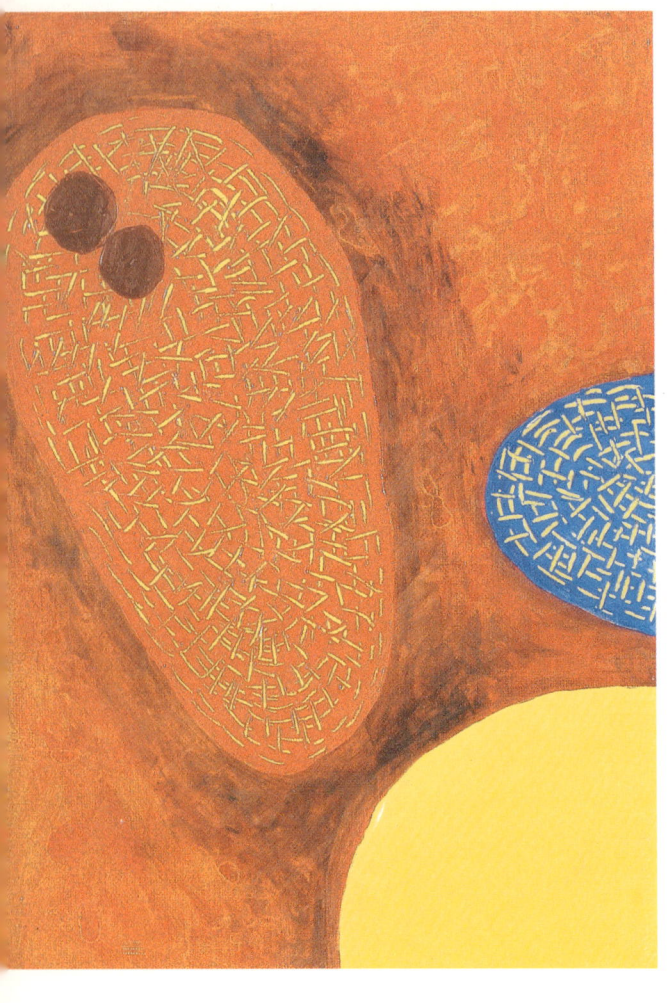

역할을 한다. 흑사병을 옮긴 세균은 불결함의 도구였고, 그 불결함은 일차적으로 도덕적 질병이다. 물질은 눈에 보이는 마음이며 우리가 질병이라고 부르는 육체적 혼란은 죄와 관련된 정신적 혼란과 인과관계에 있다. 인간의 현재 수준인 자의식自意識의 상태에서, 인간의 마음은 서로 격렬하게 투쟁하는 욕망들로 인해 끊임없이 어지럽혀지고 있고, 인간의 육체는 병을 옮기는 세균들의 공격을 받고 있다.

인간은 정신적 부조화와 육체적 불안의 상태에 처해 있다. 야생의 원시 상태에서 사는 동물들은 부조화가 없기에 질병이 없다. 야생 동물은 주변 환경과 조화를 이루며 도덕적 책임감이나 죄의식이 전혀 없으며, 인간의 조화와 행복을 심하게 파괴하는 후회, 슬픔, 실망과 같은 격렬한 소동도 겪지 않는다. 그래서 야생 동물의 육체는 괴로움을 겪지 않는다. 인간이 신적인 의식이나 우주적인 의식의 상태로 상승하면, 후회나 슬픔 같은 모든 정신적 갈등을 초월하고 죄와 모든 죄의식을 극복할 것이며 후회와 슬픔을 없애 버릴 것이다. 이와 같이 정신적 조화를 회복하면, 신체적 조화가 이루어져 건강이 회복될 것이다.

신체는 마음의 이미지이다

신체는 마음의 이미지이다. 그러므로 숨겨진 생각들은 신체 안에서 눈에 보이는 특징들로 나타내게 된다. 외면의 신체는 내면의 생각에 따라 작용하기 때문에, 지금보다 훨씬 진보한 미래의 과학자는 모든 신체적 질병을 정신 속의 윤리적 원인과 각각 대응시킬 수 있을 것이다.

정신적 조화, 또는 도덕적인 건강은 신체의 건강에 이바지한다. 이바지한다는 표현을 쓴 이유는, 마치 약 한 병을 마시면 건강이 회복되는 것처럼, 도덕성이 신체의 건강을 신기하게 만들어내는 것은 아니기 때문이다. 하지만 심성이 점점 더 침착하고 안정되어 간다면, 도덕 수준이 점점 높아지는 중이라면, 이제 신체적 건강의 확실한 기초가 마련되고 있는 중이며, 정신의 힘은 보존되어 있고 보다 나은 방향으로 조정되고 있다. 그리고 완벽한 건강이 얻어지지 않는다 해도 신체의 혼란은 그것이 어떤 것이든지 간에, 강해지고 고양된 정신을 해칠 힘을 잃게 될 것이다.

신체의 고통을 겪는 어떤 사람이 도덕적이고 조화

로운 원칙들에 자기 마음을 맞추기 시작한다고 해서, 반드시 고통이 금방 치유되는 것은 아니다. 정말로 한동안은, 신체가 전환기의 위기를 맞고 이전의 부조화가 남긴 결과들을 털어 버리는 동안에는, 병적인 상태가 오히려 강화되는 것처럼 보일 수도 있다. 사람이 정의의 길에 들어서자마자 완전한 평화를 얻는 것은 아니고, 드문 경우를 제외하면, 고통스러운 조정調整의 시기를 통과해야 하는 것처럼 역시 드문 경우를 제외하면, 그 사람도 완벽한 건강을 즉시 얻는 것은 아니다. 정신적인 재조정뿐만 아니라 신체적 재조정에도 시간이 필요하다. 그가 아직 건강을 얻지 못했다 해도 조만간 건강을 얻게 될 것이다.

때때로 신체적 고통은 정신활동에 자극제가 된다

정신이 강건해지면 신체의 상태는 부차적이고 종속적인 위치를 차지하게 되어, 다른 많은 사람들의 경우와는 달리, 더 이상 일차적인 중요성을 갖지 않을 것이다. 질병이 치유되지 않는다 해도, 정신은 그것을 초월할 수 있고 그것 때문에 약해지는 것을 거부할 수 있다. 사람은 질병에 걸린 상태에서도 행복하고 강하고 유능할 수 있다. 신체의 건강 없이는 유능하고 행복한 삶이 불가능하다고 건강 전문가들이 자주 말하지만, 역사상 가장 위대한 업적을 이루었던 사람들 -천재들 및 각각의 분야에서 우수한 재능을 지녔던 사람들- 중 상당수가 신체적인 질병으로 고통을 겪었으며, 이 사실을 오늘날 보여 주고 있는 사람들도 꽤 있다. 때때로 신체적 고통은 정신 활동에 자극제로 작용하여, 정신의 작업을 방해하기보다 오히려 돕는 경우가 있다. 유능하고 행복한 삶을 신체의 건강에 의존하게 하는 것은 정신보다 물질을 우선하는 것이고 영혼을 육체에 종속시키는 것이다.

강건한 정신을 지닌 사람들은 설령 어떤 병에 걸리더라도, 그들의 신체적 상태에 신경을 많이 쓰지 않는다. 그들은 그것을 무시하고 마치 아무 일도 없는 것처럼 계속 일을 하면서 살아간다. 이렇게 신체를 무시하는 것은 정신을 침착하고 강하게 해줄 뿐만 아니라 신체를 치료하는 가장 좋은 수단이다. 우리가 완벽하게 튼튼한 신체를 가질 수는 없다 해도, 건전한 정신을 가질 수 있고, 건전한 정신은 건전한 신체에 이르는 가장 좋은 길이다.

병든 정신은 병든 신체보다 더 한탄할 만한 것이며, 결국 신체의 질병으로 이어진다. 정신이 병든 것은 신체가 병든 것보다 훨씬 더 불쌍한 상태이다. 환자들 중에 실제로는 아무 병도 없는 이가 있다는 것을 모든 의사들은 알고 있다. 그런 환자들은 강건하고 비이기적이고 유쾌한 마음자세로 스스로를 고양시키기만 하면 자기 몸이 건강하고 아무 문제도 없음을 발견하게 된다.

자신과 신체와 음식에 대한 병약한 생각을 버려라

인간다운 인간이라면 누구든지, 자기 자신과 신체와 음식에 대한 병약한 생각들을 없애 버려야 한다. 자신이 먹고 있는 건전한 음식이 몸에 해가 될 거라고 생각하는 사람은 정신력을 길러서 신체의 활기를 회복할 필요가 있다. 거의 모든 가정에서 흔히 먹지 않는 어떤 특별한 음식을 먹음으로써 자기 신체의 건강과 안전을 도모하는 것은 부질없는 혼란을 가져온다.

감자를 먹을 용기가 없다고, 저 과일은 소화 불량을 일으킨다고, 저 사과는 너무 시다고, 저 콩은 독이 있다고, 초록색 채소는 싫다고 말하는 채식주의자는 자신이 지지한다고 공언하는 고상한 목적을 좌절시키고 있으며, 고기를 먹으면서도 그러한 병약한 공포와 병적인 자기 점검 없이 건강하게 사는 사람들의 눈에는 채식주의가 우스꽝스러운 것이다. 배고프고 식욕이 있을 때 먹는, 대지의 산물이 건강과 생명에 해롭다고 생각하는 것은 음식의 본성과 가치를 완전히 오해하고 있는 것이다. 음식의 가치는 몸을 훼손하거나 파괴하는 것이 아니라 몸을 유지하고 보존하는 것이다. 그 오해는 식이요법을 통해 건강을 추구하는 사람들이 흔히 갖고 있는 이상한 망상 −신체에 해로운 영향을 끼치기 마련인 망상− 인데, 가장 단순하고 가장 자연적이고 가장 순수한 음식들 중 어떤 것이 그 자체로 나쁘다는, 즉 삶의 요소가 아닌 죽음의 요소가 그 안에 들어 있다는 망상이다. 이러한 음식 개혁가들 중 한 명은, 내게 한때 이렇게 말했다. 자신의 병은 −수많은 다른 사람들의 병과 마찬가지로− 빵을 먹는 데서 비롯되었다고, 즉 빵을 과식하는 습관에서 비롯된 것이 아니라 빵을 먹는 습관 그 자체에서 비롯된 것으로 믿는다고 말이다. 그런데 그 사람이 먹는 것은 집에서 만든 견과맛의 통밀빵이었다. 우리의 질병을 그런 무해한 원인으로 돌리기 전에, 우리의 죄를, 우리의 병약한 생각들을, 우리의 방종과 바보 같은 무절제를 없애자.

자신의 사소한 고통과 질병에 신경을 많이 쓰는 것은 나약한 인격의 징후이다. 그런 것에 대해 생각을 많이 하면 그것들에 관해 자주 말하게 되고, 그러면 그것들이 더 생생한 인상을 마음속에 남기게 되고, 그 후엔 신체를 애지중지 아끼는 것 때문에 정신이 조만간에 나약해진다. 불행과 질병만큼이나 행복과 건강에 유념하는 것도 쉽고 그것들에 관해 이야기하는 것도 마찬가지로 쉬우며, 그렇게 하는 것이 훨씬 더 유쾌하고 이롭다.

"그렇다면 행복하게 살자, 우리를 미워하는 사람들을 미워하지 말고!
우리를 미워하는 사람들 사이에서 미움 없이 자유롭게 살아가자!"

"그렇다면 행복하게 살자, 아픈 사람들 사이에서 질병 없이!

아파하는 사람들 사이에서 질병 없이 자유롭게 살아가자!"

"그렇다면 행복하게 살자, 욕심 많은 사람들 사이에서 탐욕 없이!

욕심 많은 사람들 사이에서 탐욕 없이 자유롭게 살아가자!"

육체를 치료하기 전에 육체를 초월하라

도덕 원리들은 행복의 토대일 뿐만 아니라 건강을 위한 가장 안정된 토대이다. 그것들은 품행의 참된 표준이며 삶의 모든 사소한 일까지 포함한다. 만약 누군가가 그것들을 진지하게 신봉하고 이성적으로 이해한다면, 그것들은 그 사람으로 하여금 가장 사소해 보이는 일상사까지 포함한 삶 전체를 개혁하도록 강요한다. 그것들은 그의 일상적인 음식물도 명확히 규제하면서 신경질, 특정한 음식에 대한 공포, 어리석은 변덕들, 음식의 유해성을 포함한 근거 없

는 의견들을 없애 버릴 것이다. 건전한 도덕성이 확립되어 방종과 자기 연민이 근절되면, 모든 자연식품은 있는 그대로, 즉 육체를 해롭게 하는 것이 아니라 육체에 자양분을 주는 것으로 보일 것이다.

그러므로 신체적인 상태를 개선하려면 불가피하게 정신에 주의를 돌려야 하고, 더 나아가 무적의 보호로서 정신을 강화하는 윤리적 덕목을 고려해야 한다. 도덕적으로 올바른 사람은 신체적으로 건강하다. 삶의 일상사를, 고정된 윤리적 원리들과는 상관없이, 일시적인 견해와 변덕의 관점에서 끊임없이 되풀이하는 것은 혼란 속에서 허우적거리는 것이다. 그러나 일상의 사소한 일까지도 도덕 원리에 맞게 실행하려고 훈련하는 것은, 영적인 빛의 시각으로, 모든 일상사를 그것들의 적절한 위치와 위계질서 안에서 보는 것이다.

도덕적 질서를 인식하는 능력은 오직 도덕 원리들에게만 주어져 있고 그들만의 영역에 속해 있다. 현상의 원인들을 꿰뚫어 보는 통찰력은 오직 도덕 원리들 안에만 있다. 자석이 강철의 줄밥을 끌어당기고 분극화시키듯이, 모든 세부 항목을 그것들의 위계질서와 위치에 맞게 한번에 배치하는 힘은 도덕 원리에만 있다.

  육체를 치료하는 것보다도 육체를 초월하는 것이 더 낫다. 육체의 포악한 지배를 받는 것이 아니라 육체의 주인이 되는 것, 육체에 영합하지 않는 것, 육체를 잘못 사용하지 않는 것, 절대로 육체의 요구를 덕보다 우선하지 않는 것, 육체적 쾌락을 절제하고 적절히 조절하는 것, 그리고 육체적인 고통에 압도당하지 않는 것, 한마디로 말해서, 강력하고 균형 잡힌 도덕적 능력 속에서 살아가는 것, 이것이 육체의 치유보다 더 낫고 또한 안전한 치유 방법이며, 이것은 마음의 활기와 정신적인 평온의 영구적인 원천이다.

고귀한 가난은
아름답다

모든 시대를 통해 위인들 중 상당수가 그들의 숭고한 목적을 보다 잘 성취하기 위하여 부富를 포기하고 가난을 택했다. 그렇다면 왜 가난은 끔찍한 악惡으로 간주되는가? 이러한 위인들은 가난을 축복으로 간주하여 신부로 택했는데, 대부분의 사람들이 가난을 재앙과 저주로 간주하는 이유는 무엇인가? 대답은 간단하다. 가난에는 두 종류가 있다. 첫째 경우의 가난은, 가난에서 모든 악한 양상을 제거할 뿐만 아니라 가난을 고양시키고 좋고 아름다운 것으로 나타

나게 하며 부와 명예보다 더 매력적이고 더 바람직스럽게 보이게 하는 고귀한 정신성과 관련되어 있다. 그러한 가난은 극히 매력적으로 보이기 때문에, 고귀한 탁발승의 위엄과 행복을 보고서 상당수의 사람들이 그를 닮고자 그와 같은 삶의 방식을 택했다. 둘째 경우의 가난은, 비열하고 반항적인 모든 것 -욕설, 술주정, 음탕한 생각, 게으름, 부정직, 범죄- 과 관련된 대도시의 가난을 말한다. 그렇다면 가난과 죄 중에서 무엇이 일차적인 악인가? 당연히 죄이다. 가난

에서 죄를 제거해 보라. 그러면 가난의 아픔은 사라진다. 즉 이전과는 달리 가난이 커다란 악이 되지 않고 오히려 선하고 고귀한 목적에 이용될 수 있다. 공자는 가난한 제자들 중 한 명인 안회를 고매한 덕을 지닌 사람의 모범적 예로 부유한 학생들에게 제시하면서 이렇게 말했다. "그는 한 그릇의 밥과 한 바가지의 물을 먹으며 누추한 곳에 살았으나 불평하지 않았다. 다른 이들은 그런 괴로움을 참지 못하거늘 안회는 그 즐거움을 고치지 않으니 어질도다." 가난은 고귀한 성품을 손상시킬 수 없고, 고귀한 성품을 더 돋보이게 한다. 마치 어두운 배경 앞에 놓인 찬란한 보석처럼, 안회의 덕은 가난 속에서 그만큼 더 밝게 빛났다.

가난은 돈이 많고 적음에 있지 않고 마음 속에 있다

사회 개혁가들은 가난과 관련된 죄의 원인은 가난이라고 생각하는 경우가 많다. 그런데 그런 개혁가들은 부자들의 부도덕성이 부富에서 비롯되었다고 말한다. 원인이 있는 곳에 결과가 나타나기 때문에,

만약 부가 부도덕성의 원인이고 가난이 타락의 원인이라면 모든 부자는 부도덕해지고 모든 가난한 사람은 타락하게 될 것이다.

악인은, 그가 부유하든 가난하든 중산층이든 간에, 어떤 환경에서도 악을 저지를 것이다. 의인은 그가 어떤 상황에 처하든지 올바르게 행동할 것이다. 극한 상황은 드러날 기회를 기다리며 마음속에 잠재해 있는 악에게 표현의 기회를 줄 수 있을 뿐, 악을 일으킬 수도 만들어 낼 수도 없다.

자신의 경제적 상황에 대한 불만족은 가난과 다르다. 책임이 막중한 직업에 종사하지 않으면서도 일 년 수입이 칠백 파운드에 달하는, 어떤 경우엔 수천 파운드까지 이르는 사람들 중 상당수가 스스로를 가난하다고 생각한다. 그들은 자신의 고통이 가난 때문이라고 생각한다. 그러나 그들의 진정한 고통은 탐욕이다. 그들을 불행하게 만든 것은 가난이 아니라 부에 대한 갈망이다. 가난은 돈의 많고 적음보다 마음속에 있는 경우가 더 많다. 더 많은 돈을 갈망하고 있는 한 스스로를 가난하다고 생각할 것이며, 그런 의미에서 그는 가난하다. 탐욕은 마음의 가난이기 때문이다. 구두쇠가 백만장자가 될 수도 있지만, 그는 무일푼이었을 때만큼 가난한 사람이다.

다른 한편, 빈곤과 타락 속에 살고 있는 많은 사람들의 문젯거리는 그들이 자신의 상태에 만족하고 있다는 점이다. 비열한 행위, 무질서, 게으름, 추잡한 방종, 음란한 생각과 말에 탐닉하기 그리고 불결한 환경 속에 있으면서도 스스로에게 만족하는 것은 한탄스러운 일이다.

여기서 다시 '가난'은 정신적 상태로 귀착된다. 따라서 가난을 해결하는 방법은 외적인 상태보다는 당사자의 내면적 향상에서 구해야 한다. 내면적인 상태가 깨끗해지고 예민해지면, 외면의 더러움과 타락을 더 이상 당연히 여길 수 없게 된다. 사람이 자신의 마음을 정리정돈하고 나면, 자기 집을 정돈하게 될 것이다. 그가 주변 환경을 올바르게 정돈한 것을 보고 그가 마음을 바로잡았음을 본인 자신과 이웃들 모두 알게 될 것이다. 그의 변화된 마음은 그의 변화된 삶에 나타난다.

물론, 스스로를 속이지도 스스로를 타락시키지도 않는데 여전히 가난한 사람들이 있다. 그런 사람들 중 상당수는 가난하게 사는 데 만족한다. 그들은 만족해하며 부지런하고 행복하며 그 밖의 아무것도 바라지 않는다. 그러나 그들 중 불만을 느끼고 보다 나은 환경과 더 큰 활동 범위를 열망하는 사람들은 가난을 자신의 재능과 정신력을 실현하는 자극제로 이용해야 하며 또 대개는 그렇게 한다. 자기수양과 주의 깊은 의무 이행을 통해, 그들은 자신이 바라는 보다 풍요롭고 더 책임이 무거운 삶으로 상승할 수 있다. 의무에 헌신하는 것은 사람을 구속하는 것으로 간주되는 그 가난으로부터 탈출하는 길일 뿐만 아니라 부, 영향력, 지속적인 기쁨, 그리고 심지어는 인격 완성 그 자체에까지 이르는 지름길이기도 하다. 의무 이행을 가장 깊은 의미에서 이해하면, 삶에서 가장 좋고 가장 고귀한 모든 것에 그것이 관련되어 있음을 알게 된다. 그것은 힘, 근면, 일생의 과업에 대한 주의 집중, 목표의 단일성, 용기와 성실성, 결단력과 자립심, 그리고 모든 진정한 위대함의 열쇠인 자기 부정을 포함한다. 뛰어나게 성공한 어떤 사람은 "당신의 성공 비결은 무엇입니까?"라는 질문을 받고서 이렇게 답했다. "아침 6시에 일어나기, 그리고 내

일에 몰두하기였습니다." 성공, 명예, 그리고 영향력은 자신의 직무에 부지런히 주의를 집중하면서, 타인의 의무에 간섭하는 일을 절대적으로 피하는 사람에게 온다.

궁핍의 시기는 파멸의 시기가 아닌 기회의 시간이다

가난하게 사는 사람들 중 대다수가 어떤 특별한 일에 전념해 볼 시간이나 기회를 갖지 못한다는 주장이 여기서 제기될 수 있고, 또 그런 주장이 실제로 제기되고 있다. 그러나 그 주장은 잘못이다. 시간과 기회는 언제나 가까이 있고 모든 사람과 항상 함께 하고 있다. 위에서 언급된 가난한 사람들 중에서 자신이 처한 환경에 만족하는 사람들은 공장에서 노동하는 일에 항상 부지런하고 집에서는 맑은 정신으로 행복하게 살 수 있지만, 다른 분야에서 더 잘할 수 있다고 느끼는 사람들은 여가 시간에 스스로 공부함으로써 그 직업을 준비할 수 있다. 가난한 사람들 중에 자신의 시간과 에너지를 절약하여 유익하게 이용할 필요가 있는 사람들이야말로 혹사당하는 사람이다.

그런 가난에서 벗어나고 싶은 젊은이는 술, 담배, 성적(性的) 부도덕, 늦은 시간까지 무도회장이나 클럽, 게임 파티에서 시간 보내기와 같은 어리석고 낭비적인 방종을 처음부터 멀리해야 한다. 그리고 자신의 실력 향상에 필요한 공부를 하면서 정신을 향상시키는 데 저녁 시간을 활용해야 한다. 이 방법으로, 역사상 가장 영향력 있는 인물 중 상당수가 거의 누구나 겪는 가난에서 스스로 벗어났다. 이 사실은 궁핍의 시기가, 사람들이 흔히 생각하고 말하듯이, 파멸의 기회가 아니라 오히려 기회의 시간이라는 것, 그리고 가난이 깊으면 깊을수록, 자신에게 불만을 느끼고 성취를 지향하는 사람들에게는 더 큰 동기가 부여된다는 것을 입증하고 있다.

가난과 부 모두 생각에 따라 악이 되고 선이 된다

가난은 가난하게 사는 사람의 성격과 마음자세에 따라 악이기도 하고 그렇지 않기도 하다. 부 역시 마찬가지로 악이기도 하고 그렇지 않기도 하다. 톨스토이는 자신의 부유한 환경에 대해 마음이 불편했

다. 그는 부유한 환경을 거대한 악으로 보았다. 그는 탐욕스러운 사람이 부를 동경하듯 가난을 동경했다. 그러나 악덕은 언제나 악이다. 왜냐하면 악덕은 그것을 실행하는 당사자를 타락시키는 동시에 사회에도 위협이 되기 때문이다. 가난이라는 현상을 논리적으로 깊이 연구하면, 언제나 근본 원인을 가난에 처한 당사자에게서, 그리고 인간의 마음에서 발견하게 될 것이다. 사회 개혁가들이 부자들을 지금 비난하듯이 악덕을 비난하게 될 때, 낮은 임금을 폐지하고 싶어하는 만큼 그릇된 삶을 없애고 싶어할 때, 비로소 우리 문명의 오점들 중 하나인 타락한 가난이 줄어들 거라고 기대할 수 있다. 그런 가난이 완전히 없어지려면, 먼저 인간의 마음이 진화의 과정 동안 철저한 변화를 겪어야 한다. 마음이 탐욕과 이기주의로부터 정화되고 나면 과음, 음란함, 나태, 방종이 지상에서 영원히 쫓겨나게 되면, 가난한 자와 부자의 구별이 더 이상 없게 될 것이다. 그리고 모든 사람이 -마음이 이미 순수해진 소수의 사람들을 제외하고- 현재의 인류가 아직 모르는 풍요롭고 깊은 기쁨 속에서 자기 의무를 수행할 것이며, 모든 사람이 숭고한 자존심과 완벽한 평화 속에 자기 노력의 대가를 즐길 것이다.

인간의 정신적인 주권

 인간이 당연한 주권을 가지고 다스리도록 운명지어진 왕국은 인간 자신의 마음과 삶이라는 왕국이다. 그런데 이 왕국은 우주와 단절되어 자기 자신에게만 한정된 것이 아니다. 그것은 인류 전체에, 자연에, 그것이 당분간 연루되어 있는 사건들의 흐름에, 그리고 거대한 우주에 밀접하게 연결되어 있다. 그러므로 이 왕국을 다스리는 것은 삶에 대한 철저한 이해를 포함한다. 그것은 인간을 최고로 지혜로운 상태로 끌어올려, 마음에 대한 통찰력이라는 선물을

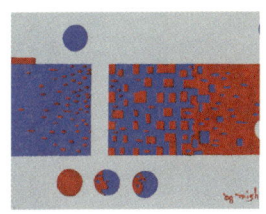

주고, 선과 악을 구별하는 힘, 선과 악을 둘 다 초월하는 것을 파악하는 힘, 그리고 행위의 본질과 결과를 아는 힘을 준다.

현재 대부분의 사람들은 반항적인 생각의 지배를 다소 받고 있으며, 이런 반항적인 생각을 극복하는 것이야말로 삶에서 최고의 승리를 얻는 것이다. 현명하지 못한 사람들은 세상의 모든 것을 지배할 수 있되 자기 자신을 지배할 수는 없다고 생각한다. 그래서 그들은 외부적인 환경을 변화시킴으로써 자기

자신과 타인의 행복을 추구한다. 외부의 결과를 바꾸는 것은 영구적인 행복을 가져올 수도 지혜를 줄 수도 없다. 죄에 물든 육체를 가꾸고 귀하게 보살피는 것은 건강과 행복을 낳을 수 없다. 현명한 사람들은 자아가 극복되기 전에는 진정한 승리가 없다는 것을, 자아가 극복되어야 비로소 외부적인 것의 정복도 궁극적으로 확실해진다는 것을 안다. 그래서 그들은 자기 자신 안에서 영원히 샘솟는 행복을, 성덕聖德의 고요한 힘 안에서 구한다. 그들은 죄를 피하고 본능적인 격정의 동요를 초월함으로써 육체를 정화하고 강화시킨다.

인간은 자신의 마음을 지배할 수 있다

인간은 자신의 마음을 지배할 수 있다. 즉 자기 자신의 주인이 될 수 있다. 인간은 자기 마음을 잘 다스리기 전까지는, 삶이 불만족스럽고 불완전하다. 인간의 정신적 영토는 자신의 본성을 구성하는 정신적인 여러 힘들의 왕국이다. 육체는 결코 원인이 되는 힘이 아니다. 육체를 다스리는 것, 즉 욕망과 격정을 다스리는 것은 정신적인 여러 힘들을 다스리는 것이다. 내면에 있는 적대적인 정신적 요소들을 억제하고 수정하고 방향을 바꾸고 변화시키는 것은 모든 사람이 조만간 착수해야 하는 경이롭고 중대한 일이다. 오랫동안 인간은 스스로를 외부적인 여러 힘의 노예로 생각했지만, 그의 정신적인 눈이 뜨이는 날이 오게 된다. 그러면 그는 자신이 오랫동안 다른 누구도 어떤 것도 아닌, 바로 제멋대로 날뛰는 불순한 자아의 노예로 지내왔다는 것을 알게 될 것이다. 그날이 오면, 그는 일어나서 자신의 정신적인 왕좌에 오른다. 이제 그는 더 이상 스스로의 정욕, 욕망, 격정의 노예로서 복종하지 않고, 앞으로는 그것들을 그의 백성으로 다스린다. 슬피 우는 거지로서 그리고 매 맞는 노예로서 방황하는 것에 익숙한 정신적 왕국이, 군주다운 자제심의 권한으로 자신의 것임을 그는 발견한다. 질서를 바로잡아야 할, 조직화하고 조화시켜야 할, 내부의 불일치와 고통스러운 모순을 폐지하고 평화의 상태로 만들어야 할 자신의 왕국임을 발견하는 것이다.

 이렇게 깨어나 그의 당연한 정신적 권위를 행사하

여, 그는 어느 시대에나 자아를 극복하고 인격 완성을 이루었던 왕다운 사람들의 대열에 속하게 된다. 그들은 무지, 어둠, 번뇌를 극복하고 진리 속으로 상승한 사람들이다.

체념이 아닌 승리

자아 극복이라는 최상의 과업에 착수한 사람은 어떤 악에도 자신을 내맡기지 않는다. 그는 오직 선한 것만 따른다. 체념하고 악에 복종하는 것은 가장 저열한 나약함이다. 선을 따르는 것은 최고의 힘이다. 죄와 슬픔에, 무지와 고통에 자신을 내맡기는 것은 사실상 다음과 같이 말하는 것이다. "난 포기한다. 난 패배한다. 삶은 악이다. 그래서 난 항복한다." 이렇게 악에 체념하는 것은 종교의 정반대이다. 악과 싸우기를 포기하는 것은 선을 직접적으로 부정하는

것이다. 악을 우주에서 최고의 위치에 올려놓는 것이다. 이렇게 악에 항복하는 것은 이기적이고 슬픈 삶, 즉 유혹에 저항하는 힘도 결여되고 선의 지배를 받는 정신의 표현인 기쁨과 평온도 결여된 삶에 나타난다.

인간에게는 궁극적인 승리와 기쁨이 알맞다
인간의 본성은 영구적인 체념과 슬픔에 적합하지

않다. 인간에게는 궁극적인 승리와 기쁨이 알맞다. 우주의 모든 영적 법칙들은 선한 사람의 편이다. 선은 모든 것을 보존하고 보호하기 때문이다. 악의 법칙이 따로 존재하지는 않는다. 악의 본성은 파괴하고 황폐하게 하는 것이다.

 자기 인격이 악을 피하고 선을 향하도록 의식적으로 변화시키는 기술은 현재의 학교 교육 과정에는 전혀 들어 있지 않다. 심지어 교회의 교사들마저도 이러한 지식과 수행修行을 상실했기 때문에 그것에 관해 가르칠 수가 없다. 도덕적 성장은, 지금까지 대다수 사람들의 경우에, 삶의 스트레스와 투쟁을 통해 무의식적으로 이루어져 왔다. 그러나 인격을 의식적으로 형성하는 기술이 청소년의 교육 과정에서 중요한 과목이 될 날이 올 것이다. 그날이 오면 몸에 밴 자제심, 결백한 성실성, 드높은 순수성을 갖추어 인격 형성에 관한 건전한 가르침을 줄 수 있는 사람 외에는 어느 누구도 설교자의 자리를 차지할 수 없을 것이다. 그때는 인격 형성이 종교의 주된 특징이 될 것이다.

마음속에 선만 남게 되면 영원한 기쁨을 누린다

저자가 여기서 설명하는 교의敎義는 악에 대한 승리와 죄의 절멸에 대한 교의이며, 인간을 선에 대한 이해와 영원한 평화의 기쁨 안에 영구히 안주하게 하는 것에 대한 교의이다. 이것은 어느 시대에나 종교적 지도자의 가르침이다. 깨달음을 얻지 못한 사람들이 아무리 그것을 가리고 왜곡해 왔어도, 그것은 과거에 존재했던 모든 인격 완성자들의 교의이며, 앞으로 올 모든 인격 완성자들의 교의일 것이다. 그것은 진리의 교의이다.

그리고 지금 말하고 있는 승리는 외부의 악에 대한 것이 아니고 내부의 악에 대한 것이다. 즉 악한 사람들, 또는 악한 어떤 것들에 대한 것이 아니고 악한 생각, 악한 욕망, 악한 행위에 대한 것이다. 모든 사람이 자기 마음속의 악을 파괴했을 때, 어느 누가 이 거대한 우주 전체에서 어딘가를 가리키며 "여기 악이 있다"고 말할 수 있겠는가? 모든 사람이 마음속의 선만이 남게 되는 그 위대한 날에, 지상에서 모든 악의 자취가 사라질 때, 죄와 슬픔은 알려지지 않을 것이며, 보편적인 기쁨이 영원토록 존재할 것이다.